글 달시 패티슨

어린이 책 작가이자 글쓰기 교사입니다. 과학과 자연에 관심이 많아 어린이를 위한 과학 도서를 여러 권 집필했으며,《다윈의 난초: 130년 만에 증명된 예측》을 비롯해 다섯 권의 도서가 전미 과학교사협회 우수과학 도서로 선정되었습니다. 현재 공상 과학 소설을 기획하고 집필하면서 글쓰기 교육과 강연을 활발히 하고 있습니다.

그림 피터 윌리스

일러스트레이션과 디자인 분야에서 20년이 넘게 활동한 일러스트레이터로 유머와 생기를 불어 넣는 기법의 그림을 좋아합니다. 달시 패티슨과 〈과학자처럼〉시리즈와《바다 괴물 대소동: 가짜 뉴스 이야기》등을 함께 작업했습니다.

옮긴이 김경연

서울대학교에서 독문학을 전공하고 동대학원에서 '독일 아동 및 청소년 아동 문학 연구'라는 논문으로 문학박사학위를 받았습니다. 독일 프랑크푸르트대학에서 독일 판타지 아동 청소년 문학을 주제로 박사 후 연구를 했습니다. 옮긴 책으로《교실 뒤의 소년》《미움을 파는 고슴도치》《다르면서 같은 우리》《행복한 청소부》《책 먹는 여우》등이 있습니다.

패러데이의 촛불

패러데이의 촛불

초판 1쇄 발행 2022년 4월 25일
초판 2쇄 발행 2024년 6월 28일

글 달시 패티슨   그림 피터 윌리스   옮김 김경연
펴낸이 김명희   편집 이은희   디자인 씨오디

펴낸곳 다봄   등록 2011년 6월 15일 제2021-000136호
주소 서울시 마포구 토정로 222 한국출판콘텐츠센터 305호   전화 02-446-0120   팩스 0303-0948-0120
전자우편 dabombook@hanmail.net   인스타그램 instagram.com/dabom_books

ISBN 979-11-92148-12-0 74400
     979-11-92148-10-6 (세트)

Burn: Michael Faraday's Candle
Text and Illustrations © 2016 Darcy Pattison
All rights reserved.
Korean edition © 2022 Dabom Publishing
The Korean translation rights arranged through Rightol Media (Email:copyright@rightol.com) and
LENA Agency, Seoul, Korea.

이 책의 한국어판 저작권은 레나 에이전시를 통한 저작권자와 독점계약으로 다봄이 소유합니다.
신저작권법에 의하여 한국 내에서 보호를 받는 저작물이므로 무단전재 및 복제를 금합니다.

* 책값은 뒤표지에 있습니다.
* 잘못 만든 책은 구입한 곳에서 교환해 드립니다.

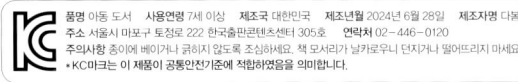

패러데이의 촛불
양초 한 자루가 던진 질문

달시 패티슨 글 · 피터 윌리스 그림 · 김경연 옮김

다봄.

1848년 12월 28일 오후 3시, 영국 런던.

사람들로 붐비는 앨버말 가에 말들이 히힝 거리며 마차가 멈췄어.
신이 난 아이들이 마차에서 내려 왕립연구소로 몰려갔어.
모두 들떠 있었어. 이날은 과학에 대해 이야기하는 게 아니라,
과학을 직접 눈으로 보는 날이었거든.

연구소장 마이클 패러데이 씨가 하는
크리스마스 강연을 들을 거야.
참가비는 금화 1기니였어.

약 4천 명의 사람들이
딱딱한 나무 벤치로 몰려들었어.
3층으로 된 강당은 관중들이
실험 탁자가 잘 보이도록 정돈되어 있었어.
사람들은 실험 탁자와 너무 가깝지 않게
물러 앉았어.
언젠가 불이 확 타오르는 실험 때문에
깜짝 놀란 적이 있었거든.

패러데이 씨가 강단으로 올라와
이야기를 시작했어.

"여러분, 이 초 한 자루에
어떤 과학이 담겨 있을까요?"

"우선 무엇으로 초를
만드는지 말씀드리겠습니다.
스테아린 초는 소의
지방으로 만듭니다.
향유 고래 기름으로 만든
초도 있습니다.

밀랍으로 만든
초는 노란색입니다.
밀랍은 꿀벌이 집을 지을 때
배 아래쪽에서 분비하는
노란색 천연 왁스입니다.
이 초는 아일랜드 습지에서
얻은 파라핀이라는 물질로
만들었습니다."

"이제 초가 어떻게
빛을 내는지 알아봅시다.
우선 초에 불을 밝히겠습니다."

"초는 고체입니다.
그런데 고체인 초가 어떻게
불꽃이 있는 곳까지 올라갈 수 있을까요?
참 놀랍지 않습니까?"

"불꽃 아래쪽에 컵 모양이 만들어진 것이 보이지요?
심지 주변의 공기는 불꽃의 열기 때문에 위로 올라가고
그 자리를 주위에 있던 공기가 채웁니다.
공기의 흐름이 생기는 거지요. 초의 바깥 부분은
심지 부분보다 온도가 낮아 잘 녹지 않습니다.
그 결과 오목한 컵 모양이 만들어집니다."

"왜 이런 일이

"우리가 반드시 기억해야 할 것이 있습니다.
어떤 실험에서 새로운 결과가 나올 때
'왜 이런 일이 일어날까? 그 원인은 뭘까?'라고 묻는 것입니다.
이런 의문을 가져야 시간이 걸려도 그 답을 찾을 수 있습니다."

"그럼 촛불은 어떻게 계속 탈 수 있을까요?
그건 바로 모세관 작용 때문입니다."

"모세관 작용이라고 하니 설명이 좀 어렵나요?
용어는 너무 신경 쓰지 마세요."

영국왕립연구소

모세관 작용은 관 같은 통로를 따라

액체가 올라가거나 내려가는 현상을 말합니다.

예를 들어 물속에 가는 관을 넣었을 때

물이 관을 따라 올라가는 것은

물 분자와 유리 벽면 분자 또는 물 분자끼리

잡아당기는 힘 때문입니다.

재산

"우리가 수건으로 손의 물기를 닦으면
수건이 축축해집니다. 이것도 모세관 작용입니다.
녹은 초도 모세관 작용으로 초의 심지를 축축하게 합니다.
녹은 초 입자들은 서로 끌어당기기 때문에
심지를 타고 위로 올라갑니다.
그리고 불꽃에 닿으면 서서히 타게 됩니다."

메이드 인
잉글랜드

"그럼 왜 심지는 다 타지 않을까요?
이유는 단 하나입니다.
녹은 초가 심지를 촉촉히 적셔
불에 타지 않게 하기 때문입니다."

"이제 불꽃의 모양을 볼까요?
밝고 길쭉하지요?
위쪽으로 갈수록 밝고
맨 아래쪽 심지 부분이 가장 어둡습니다."

"불꽃의 모양이 길쭉한 이유는 공기의 흐름 때문입니다.
우리는 공기의 흐름을 볼 수 있습니다.
초를 들고 촛불의 그림자를 종이에 비추면
뜨거운 공기가 위로 올라가는 것이 보입니다.
뜨거운 공기가 위로 올라가면 그 빈자리에
촛불이 계속 탈 수 있는 새로운 공기가 들어옵니다.
새로운 공기는 차갑기 때문에 녹은 초를 식혀 컵 모양을 만듭니다."

"오늘 강연은 여기까지입니다.
강의 시간을 넘겨 여러분의 시간을 빼앗아서는 안 되겠지요."

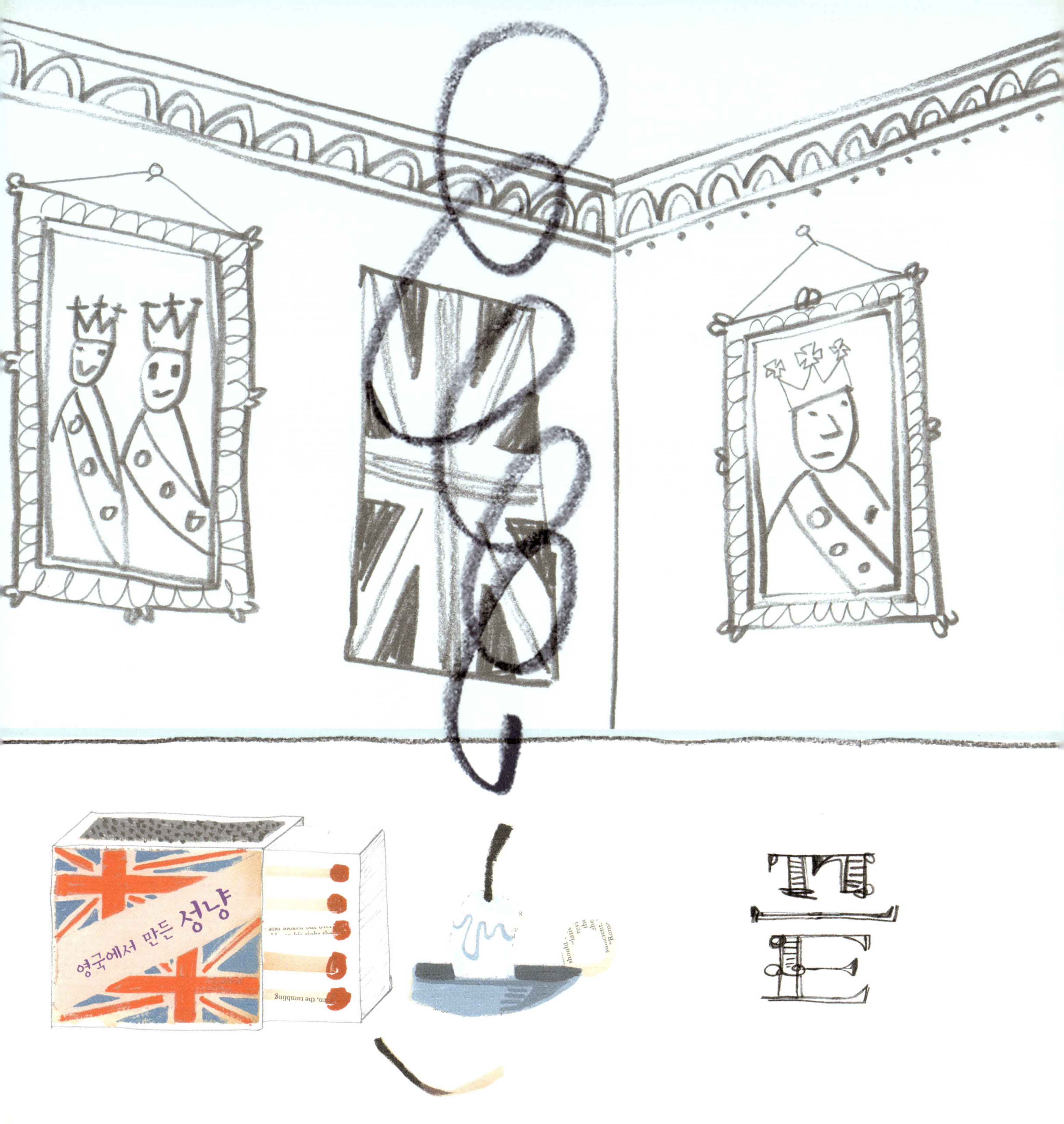

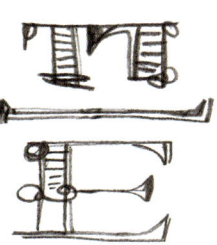

과학자의 질문을 따라가 볼까요?

1848년

크리스마스 강연

"서둘러요! 크리스마스 강연에 늦겠어요."

크리스마스 강연

1825년 어린이들을 위해 시작된 영국 왕립연구소의 크리스마스 강연은 세계에서 가장 긴 역사를 가진 과학 교육 강연으로 오늘날에도 인기가 있다. 생물학, 화학, 천문학, 물리학, 로봇 공학 등 거의 모든 분야의 과학을 다루는 이 강연은 제2차 세계대전 시기를 제외하고 지금까지 계속되고 있다. 마이클 패러데이는 1827년에서 1860년 사이에 19개의 강연을 했는데, 1848년에 처음 강연한 <초의 화학사>는 가장 인기 있는 강연 가운데 하나다. 패러데이는 1860년에 한 번 더 <초의 화학사>를 강연했고, 책으로 펴낸 《초의 화학사》는 1861년에 출간된 후 지금까지 절판된 적이 없다.

"오늘 강연자는 영국 왕립연구소 마이클 패러데이 소장이래요."

마이클 패러데이

우와~ 강당이 꽉 찼네요.

4천 명 정도 될 것 같네요.

오늘 강연 주제는 '촛불의 과학'이래요.

마이클 패러데이의 크리스마스 강연

"안녕하세요. 과학자이면서 과학 교육자인 마이클 패러데이입니다. 저는 본래 책 제본사 조지 리보의 제자였습니다. 하지만 책 제본보다 과학책 읽는 데 더 큰 흥미를 느꼈답니다. 그래서 1809년 무렵부터 직접 실험 일기를 쓰고, 다른 과학자들의 강연을 듣고, 과학에 관한 책을 쓰기 시작했죠. 그러다 1813년, 이곳 영국 왕립연구소 실험실 조수로 임명되었답니다."

"매일 촛불을 보면서도, 난 왜 이런 걸 궁금해하지 않았지?"

"촛불은 어떻게 계속 탈 수 있을까요? 이건 관 같은 통로를 따라 액체가 올라가거나 내려가는 '모세관 작용'으로 설명할 수 있어요."

모세관 작용

"그런데 초는 고체인데, 어떻게 불꽃이 있는 곳까지 올라갈 수 있을까요? 불꽃 아래쪽을 살펴보면 답을 얻을 수 있어요."

"여러분, 이 초 한 자루에 어떤 과학이 담겨 있을까요? 초는 소의 지방, 고래의 머릿골에서 짜낸 기름, 꿀벌이 분비하는 밀랍, 그리고 습지에서 나온 토탄 등에 화학 물질을 넣거나 열과 압력을 가하는 공정을 거쳐 얻습니다."

초의 재료

"불꽃의 모양을 볼까요?
불꽃이 왜 길쭉할까 생각해 본 적 있나요?
자, 공기의 흐름을 한번 살펴보죠."

"아! 촛불의 그림자를 비춰 보니
공기의 흐름이 보이네요."

질문의 힘

"여러분께 꼭 하고 싶은 말이 있습니다. 어떤 실험을 할 때, 특히 새로운 결과가 나올 때 반드시 기억해야 할 것이 있다는 겁니다. '왜 이런 일이 일어날까? 원인이 뭘까?' 하는 질문입니다. 이런 의문을 가져야 그 이유를 언젠가 알게 되니까요.
오늘, 여러분이 확인하셨죠?"

과학자처럼 시리즈로 과학 공부, 준비~ 시~작!

🔍 초등학교 3학년부터 '과학'을 본격적으로 배우기 시작해요. 호기심이 한창 왕성할 시기라 '과학'을 좋아하는 친구가 많은 반면에 어렵지 않을까 겁부터 먹는 친구들도 있다고 하죠? 하지만 무엇을 배우든지 의미와 목표, 방향을 알고 시작하면 재미는 커지고, 힘든 고비를 넘어설 때는 자신감이 생기기 마련이죠! **과학자처럼** 시리즈는 과학 공부를 준비하거나 시작하는 친구들과 과학 공부를 조금 힘들어하고 어려워하는 친구 모두를 위한 책이랍니다. 초등 과학 교과 과정의 목표와 방향, 그리고 과학 학습을 통해 얻는 다섯 가지 핵심역량을 과학적 사건과 인물을 통해 자연스럽게 알려 주거든요.

아하! 과학을 공부하면 이런 힘을 기를 수 있구나!

과학자처럼 시리즈는 과학의 역사를 바꾼 사건과 주인공 이야기입니다. 과학자는 놀랍도록 신비한 우주와 자연의 원리를 탐구해서 밝혀냅니다. 과학이 역사를 바꿨다는 건 세상을 바꿨을 뿐만 아니라, 우리가 세상을 바라보는 방향과 생각하는 방식이 바뀌게 되었다는 것도 뜻한답니다. 그렇다면 이렇게 엄청난 힘이 있는 과학을 연구하는 과학자는 어떤 사람일까요? 혹시 머리가 엄청 좋은 사람만 과학자가 될 수 있을 거라고, 그래서 나와 상관없다고 생각하는 친구가 있나요? **과학자처럼** 시리즈를 읽으면, 꼭 그렇지만은 않다는 걸 발견할 거예요.

그뿐만 아니라 아래와 같은 질문에도 답할 수 있게 될 거예요. 무엇보다 '과학'을 공부하는 이유와 목적, 그리고 과학을 공부하면서 얻어지는 학습 능력은 다른 교과를 공부할 때도, 일상생활을 할 때도 큰 힘이 된다는 걸 꼭 기억하세요.

- 과학자는 어떻게 세상을 바라볼까?
- 과학자는 무엇을 궁금해할까?
- 과학자는 궁금한 것을 어떻게 해결할까?
- 과학자는 어떻게 탐구할까?
- 과학을 공부하려면, 또 과학자가 되려면 무엇이 필요할까?

여러분, 과학자처럼 '왜 이런 일이 일어날까?' 질문하는 게 중요해요!

과학자처럼

과학자는 놀랍도록 신비한 우주와 자연의 원리를 탐구하고 밝혀냅니다. '과학자처럼' 시리즈는 과학사에 한 획을 그은 과학자와 업적을 통해 '과학을 공부하는 힘'을 발견하도록 돕습니다.

달시 패티슨 글 | 피터 윌리스 그림
김경연 옮김 | 44~48쪽 | 각 권 13,000원

과학자처럼 ① 다윈의 난초 130년 만에 증명된 예측

과학은 질문하고 답을 찾아가면서 발전합니다. 때로는 시간이 오래 걸리기도 합니다. 다윈은 꿀샘이 긴 난초가 어떻게 꽃가루받이를 할지 궁금하게 여기다가 긴 주둥이를 가진 나방이 존재할 것을 예측합니다. 이 예측은 무려 130년이 걸려 증명되었습니다.

과학자처럼 ② 패러데이의 촛불 양초 한 자루가 던진 질문

과학자들에게는 '당연한 것'이 없어 보입니다. 주변의 모든 현상에 물음표를 달고, 기어이 답을 찾아 느낌표로 바꾸려 합니다. 마이클 패러데이 또한 촛불 하나를 놓고 '왜 이런 일이 일어날까? 원인이 뭘까?' 질문하며 즐거운 크리스마스 강연을 펼칩니다.

과학자처럼 ③ AI와 인간 알파고는 어떻게 이세돌을 이겼을까

2016년, AI 알파고와 이세돌의 바둑 대결이 있었습니다. 결과는 알파고의 승리! 과연 AI는 인간보다 더 똑똑해질까요? AI를 두려워하거나 경쟁 상대로 여기기보다는 어떻게 함께 살아갈지 상상해 보면 어떨까요? 과학자처럼!

과학자처럼 ④ 클라드니의 소리 소리가 보이는 모래 실험

과학자는 좋아하는 것에 푹 빠져서 연구하고 또 연구합니다. 물리학자 클라드니는 '소리'에 관해 궁금해하며 악기도 발명하고 《음향학》 책도 씁니다. 게다가 황동판과 모래를 이용한 실험으로 보이지 않는 소리의 모양을 보여 주는 데 성공합니다.

과학자처럼 ⑤ 에딩턴의 일식 아인슈타인의 일반상대성이론을 증명하다

과학은 이론을 검증하는 과정이기도 합니다. 천문학자 에딩턴은 당시 과학계를 뒤흔든 아인슈타인의 일반상대성이론을 꼭 검증하고 싶었습니다. 그 결과 1919년 5월 29일, 태양이 달에 완전히 가려지는 개기일식을 최고의 기회로 삼아 성공합니다.

과학자처럼 ⑥ 휴 베넷의 토양 환경학자, 땅에 생명을 불어넣다

거대한 흙먼지 폭풍 더스트 볼이 여러 도시를 집어삼켰습니다. 이 엄청난 재난은 토양을 잘못 사용했기 때문에 벌어진 일이었습니다. 생명을 잃어버린 토양을 살릴 방법이 있을까요? '토양 보존의 아버지'로 불리는 휴 베넷에게 답을 구해 보세요.